16 décembre 1833 & 13 — n°706 de 3 à 4
& n° 1863
& 1864 M. Delafarde

NOTICE

DE QUELQUES BEAUX LIVRES,

D'OUVRAGES A FIGURES, DE VIGNETTES, DESSINS
ET PEINTURES,

TANT DE FRANCE QUE DU JAPON, DE CHINE, ETC.,

DE MANUSCRITS ET DE LETTRES AUTOGRAPHES,

DONT LA VENTE

Se fera le lundi 16 décembre 1833, et jours suivans,
six heures de relevée,

MAISON DE VENTE SILVESTRE,
Rue des Bons-Enfans, n° 30.

I0392175

Les Adjudications auront lieu par le ministère de M° FOURNEL,
Commissaire-Priseur, place du Châtelet, n° 2.

***

SE DISTRIBUE,

A PARIS,

CHEZ MERLIN, LIBRAIRE,
QUAI DES AUGUSTINS, N° 7.

—

1833.

AVIS.

Il y aura, chaque jour de vente, d'une heure à trois heures, exposition de ce qui devra être vendu le soir. Les adjudicataires sont invités à examiner leurs Livres et à les collationner sur place dans les vingt-quatre heures de l'adjudication, parce que, ce délai passé, ou les Livres une fois emportés, on ne sera admis à aucun rapport, pour quelque cause que ce soit, clause de rigueur.

Les articles de 12 fr. et au dessous ne seront repris que dans le seul cas où ils seraient incomplets.

Nota. Le Libraire chargé de la vente remplira les commissions qui lui seront adressées.

NOTICE

DE QUELQUES BEAUX LIVRES,

D'OUVRAGES A FIGURES, DE VIGNETTES, DESSINS
ET PEINTURES, TANT DE FRANCE QUE DU JAPON, DE CHINE, ETC., DE
MANUSCRITS ET DE LETTRES AUTOGRAPHES.

I. *Matières diverses.*

1. La Sainte-Bible (trad. sur les textes originaux, avec les différences de la Vulgate, par Legros). *Paris, Desoer,* 1819, gr. in-8, br.

2. Histoire sacrée du Nouveau-Testament, ornée de 72 figures d'après Raphaël, Rubens, Poussin, etc., par A. J. D. B. *Paris, Elluin,* 1802, gr. in-8, v. bleu, dent. et ornem. à froid, fil. d'or, tr. dor.

3. OEuvres de Berquin. *Paris, Renouard,* 1803, in-18, fig., 10 tom. en 17 vol., v. rac., dent., tr. dor.

4. L'Intérieur des Jeux publics dévoilé, adressé à tous les honnêtes gens. *Paris, Rougeron,* 1821, pet. in-4, br.

5. Pensées sur l'homme, le monde et les mœurs, par Janial Dubay. *Paris, Lenormant,* 1813, in-8, cart. à la Bradel.

6. Traité du citronnier, par Etienne Michel, accompagné de 21 planches coloriées d'après les dessins de Bosc. *Paris, Déterville,* 1816, gr. in-fol., dans un carton.

7. Du Thé, ou nouveau Traité sur sa culture, sa récolte, sa préparation et ses usages, par J. Marquis. *Paris, Nepveu,* 1820, in-18, fig. color., v. rac., fil., tr. dor.

8. Zoographie des diverses régions, tant de l'Ancien que du Nouveau Continent, par L.-F. Jauffret. *Paris,* an VIII, in-4, cartes color., d.-rel.

9. Les 3 pièces suivantes, pet. in-8, br., *imprimées à la Propagande* : 1° Alphabetum brammhanicum, 1771;

2° Grammatica indostana, explicada en portugues, 1778; 3° Gramatica marasta a mais vulgar, 1778.

10. Oraisons furèbres de Bossuet, Fléchier et autres orateurs, avec un discours préliminaire par Dussault, et des notices par le même et par M. Thery. *Paris, Janet*, 1822, in-8, fig., tom. 3° et 4°, br. Ces 2 vol. contiennent le choix tiré de Mascaron, Bourdaloue, Massillon, etc.

11. Discours du poëme bucolique, où il est traité de l'Eglogue, de l'Idylle et de la Bergerie, par Colletet. *Paris*, 1657, pet. in-12, parch.

12. Quintus Horatius Flaccus. *Parisiis, Didot*, 1800, in-12, pap. vél., mar. vert; dent., tr. dor.

13. Poésies de Marguerite-Éléonore-Clotilde de Vallon-Chalys, depuis M⁰ de Surville, publiées par Vanderbourg. Poésies inédites de la même, publiées par MM. de Roujoux et Ch. Nodier. *Paris, Nepveu*, 1824-1827, in-8, 2 vol., d.-rel., dos de v. vert, non rognés.

Exempl. sur gr. pap. vél., fig. noir. et fig. color.

14. Les mêmes. *Paris*, 1825-1826, in-12, pap. vél., fig. avant la lettre, 2 vol., v. ant., dent. d'or et ornem. à froid, tr. dor.

15. Poésies de Clotilde de Surville, et Poésies inédites de la même. *Paris*, 1825-26, in-32, pap. vél., fig. color., 2 vol., v. rose, fil. d'or, ornem. à froid, tr. dor.

16. Poésies de Malherbe. *Paris, I. Debure*, 1823, in-32, mar. bleu, fil. d'or et ornem. à froid. *Vogel*.

Un des deux exempl. sur peau de vélin; il est renfermé dans un étui en forme de vol., d.-rel., dos de mar. bl.

17. Les Pièces suivantes du théâtre de Rotrou : Agésilan de Colchos, 1637; Amélie, 1638; Antigone, 1639; la Bague de l'Oubli, 1635; le Bélisaire, 1644; la Belle Alphrede, 1639; D. Bernard de Cabrère, 1648; les Captifs, 1640; Céliane, 1637; Célie, ou le Vice-Roi de Naples, 1646; Célimène, 1636; Clarisse, ou l'Amour constant, 1643; Cosroes, 1649; Crisante, 1639; la Doristhée, 1635; le Filandre, 1637; Florimonde, 1655; Hercule mourant, 1636; l'Heureuse Constance, 1636; l'Heureux Naufrage, 1638; l'Hypocondriaque, 1631;

l'Innocente Infidélité, 1637; Iphigénie, 1640; Laure persécutée, 1639; Don Lope de Cardone, 1652; les Menechmes, 1636; les Occasions perdues, 1635; la Pelerine amoureuse, 1638; la Sœur, 1647; les Sosies, 1638; Venceslas, 1648; le Véritable Saint-Genest, 1648. 32 pièces in-4, in-8 et in-12.

Collection rare à laquelle il ne manque, pour être complète dans les imprimés, que les 4 pièces suivantes; Diane, Cloriade, les Deux Pucelles et Amaryllis.

Exempl. du littérateur Pain, auquel il est ajouté en manuscrit l'*Illustre Amazone*, tragédie de Rotrou, dédiée au surinten- dant Fouquet, pièce qu'on ne connaît point imprimée, et que de Beauchamps, dans ses Recherches sur le Théâtre, dit n'avoir pu se procurer. Dans une lettre de Pain, qui accompagne le manuscrit, il dit avoir fait sa copie sur l'exempl. de dédicace qu'on lui a prêté, et qu'il en a conservé religieusement la vieille orthographe, la ponctua- tion et même les fautes de français en petit nombre. La copie qui est ici en est la reproduction fidèle.

18. OEuvres de J. Rotrou. *Paris, Desoer,* 1820, in-8, 5 vol., br.

19. OEuvres de J. Racine. *Paris, Raymond et Menard,* 1811, in-8, pap. vél., fig. d'après Moreau, 4 vol., v. bleu, dent., tr. dor.

Eaux fortes et fig. avant la lettre.

20. OEuvres de J. Racine. *Paris, P. Didot aîné,* 1813, in-8, pap. vél., 5 vol., mar. pucé, fil., tr. dor. *Thou- venin.*

On a joint à cet exempl. la suite des fig. du Racine de M. Lefèvre, avant la lettre, sur pap. de Chine, et la suite in-18, d'après Desenne, tirée in-8, pap. de Chine avant la lettre, et pap. de France eaux fortes; plus 9 portr. de Racine, pap. de Chine avant la lettre, et plusieurs au- tres, tant avec la lettre qu'avant la lettre et eaux fortes.

21. OEuvres de Boileau-Despréaux. *Paris, P. Didot aîné,* 1815, in-8, pap. vél., 3 vol., mar. r., fil., tr. dor. *Thouvenin.*

On a joint à cet exempl. 9 portraits de Boileau avant la lettre, sur pap. de Chine; plusieurs autres portr., tant avant la lettre qu'en eaux fortes, la suite des fig. du Boileau de M. Blaise, avant la lettre, pap. de Chine et eaux fortes, et quelques portraits et vignettes tirés d'autres suites.

22. OEuvres complètes de La Fontaine, ornées de 145 gravures avant la lettre, d'après Desenne. *Paris, P. Didot,* 1820-21, gr. in-18, pap. vél., 18 vol., br.

N'a été tiré qu'à 200 exempl.

23. Nouvelles OEuvres diverses de J. La Fontaine, et poésies de F. de Maucroix, accompagnées d'une vie de Maucroix, de notes et d'éclaircissemens, par M. Walckenaer. *Paris*, 1820, in-8, gr. pap. vél., br.

24. Fables de La Fontaine. *Paris*, *Nepveu*, 1820, in-18, 4 tom. en 2 vol., mar. r., dent., tr. dor., fig. avant la lettre, coloriées.

25. Fables nouvelles, par de La Motte, avec un discours sur la fable. *Paris*, *Dupuis*, 1719, in-4, fig., v. m.

26. La Pucelle d'Orléans, suivie de Corisandre, par Voltaire, *Paris*, 1824, in-32, mar. vert.

> Un des six exempl. sur peau de vélin; il est orné des grav. de l'édit. Cazin tirées sur pap. de Chine et appliquées sur peau vélin.

27. Fables de Florian. *Paris*, *Ponthieu*, 1825, gr. in-8, pap. vél., fig. sur pap. de Chine, d.-rel., dos de v. vert, non rogné.

28. OEuvres de Ducis. *Paris*, 1813, in-8, pap. vél., fig. avant la lettre, 3 vol., v. gauf., dent., tr. dor.

29. OEuvres de J.-F. Ducis. *Paris*, *Nepveu*, 1818, in-18, pap. vél., fig. avant la lettre, 6 vol., mar. bl., fil., tr. dor.

30. OEuvres de J.-F. Ducis, précédées d'un avertissement par Auger; OEuvres posthumes du même, précédées d'une notice sur sa vie et ses écrits, par Campenon. *Paris*, *Nepveu*, 1827, in-8, imprimé à 2 colonnes, 2 part. en 1 vol., br.

> Exempl. sur cavalier vélin d'Annonay, orné de deux suites de vignettes avant la lettre, sur pap. de Chine; de deux dessins, l'un de Desenne, pour Othello, et l'autre de Collin pour Fœdor et Wladomir; d'une vignette de Ducis auprès du lit de Thomas mourant, avant la lettre, pap. de Chine, et avec la lettre; des portraits d'Andrieux et de Florian, le premier sur pap. de Chine, et le second avant la lettre. On y a ajouté encore deux autographes de Ducis, le premier signé, écrit dans sa jeunesse, est une Épître en vers datée du camp de Sorgau, en Silésie, 4 octobre 1760, et le second, écrit dans sa vieillesse, se compose de stances sur la Solitude, composées trois jours avant sa mort.

31. OEuvres de M. Andrieux. *Paris*, 1818, in-8, pap. vél., fig. avant la lettre, 3 vol., br.

32. Souvenirs et regrets du vieil amateur dramatique. *Paris*, *Froment*, 1829, in-12, fig. color., v. rouge, fil. d'or, ornem. à froid, tr. dor.

33. Roland furieux, trad. de l'Arioste par de Tressan. *Paris*, 1822, in-8, 3 vol., br.

Exempl. en gr. pap. vél., avec des fig. avant la lettre et avec la lettre.

34. Gerusalemme liberata, di Torquato Tasso, *Parigi*, 1812, in-12, pap. fin, 2 vol., br.

35. Jérusalem délivrée, trad. de l'italien (par Lebrun). *Paris*, 1813, in-18, fig. avant la lettre, 2 vol., mar. vert, ornem. à froid.

36. Aminta, di T. Tasso. *Parigi*, 1813, in-12, pap. vél., fig. en couleurs, br.

37. La Philis de Scire, comédie pastorale tirée de l'italien par Pichou. *Paris*, 1631, pet. in-8, parch.

38. Fables by John Gay, with upwards of one hundred embellishments. *London*, 1820, 1 vol. — Æsop's Fables, with upwards of one hundred and fifty emblematical devices. *London*, 1821, 1 vol. : ces 2 vol. in-18, br. en carton.

39. Les Amours des plantes, poème trad. de l'angl. de Darwin, avec notes... par M. Delouze. *Paris*, an VII, in-12, d.-rel.

40. Les Amours de Psyché et de Cupidon, avec le poème d'Adonis, par La Fontaine. *Paris, Saugrain*, 1797, in-18, gr. pap. vél., fig. d'après Moreau jeune, 2 vol., br.

41. Les Aventures de Télémaque, par de Fénélon. *Paris, Didot aîné*, 1796, in-12, gr. pap. vél., 4 vol., br. en cart.

Avec des gravures avant et avec la lettre et des eaux fortes.

42. Le Temple de Gnide, suivi d'Arsace et d'Isménie, par de Montesquieu. *Paris, Didot aîné*, 1796, in-18, gr. pap. vél., br.

Avec des fig. avant et avec la lettre, et des eaux fortes.

43. Esope en belle humeur, ou dernière traduction et augmentation de ses fables en prose et en vers. *Amst., Michiels*, 1690, in-12, non relié.

44. Chrestomathie mandchoue, par M. J. Klaproth. *Paris, Impr. Roy.*, 1828, gr. in-8, br.

45. Cours, analytique, de littérature générale, tel qu'il a
été prononcé à l'Athénée, de Paris par Lemercier. *Paris, Nepveu*, 1817, in-8, 3 tom. en 4 vol., br.

> Un des douze exempl. tirés sur pap. vélin.

46. OEuvres de Montesquieu, avec éloges, analyses, commentaires... *Paris, Dalibon*, 1826, in-8, gr. pap. vél.,
8 vol., br.

47. OEuvres complètes de Tressan, avec une notice sur
sa vie et ses ouvrages, par Campenon, édition revue et
accompagnée de notes, par M. Pannelier. *Paris, P. Didot*, 1823, in-8, 10 vol., cart. à la Bradel.

> Exempl. en gr. pap. vél. satiné, orné d'une triple suite de gravures
> avant la lettre, sur pap. de Chine, avec la lettre, sur pap. de France,
> et les eaux fortes.

48. OEuvres de M.-Jos. Chénier, avec une notice par
M. Arnauld, *Paris*, 1825, 5 vol.—OEuvres posthumes
du même, avec une notice par M. Daunou. *Ibid.*, 1826,
3 vol.—OEuvres anciennes et œuvres posthumes d'André
Chénier, avec une notice par M. de La Touche. *Ibid.*,
1826, 2 vol. : les 10 vol. in-8, gr. pap. vél., portr. de
Marie-J. Chénier, avant la lettre sur pap. de Chine et
sur pap. de France, br.

49. Lettres choisies du sieur de Balzac. *Amst., les Elzeviers*, 1656, pet, in-12, parch. — Discours, sur le livre
de Balzac, intitulé : la Prince, et sur deux lettres suivantes, en décembre 1631. Pet. in-8 de 48 pages.

50. Voyage autour du monde en 1766, 67, 68 et 69 (par
de Bougainville), et Journal du voyage de Banks et Solander, trad. de l'angl. par de Freville. *Paris*, 1772 et
1773, in-8, fig., 3 vol., bas. éc., fil.

51. Information and directions for travellers on the continent, by Mariana Starke. *Paris, Galignani*, 1826, in-8,
d.-rel., dos de v. *Thouvenin.*

52. Voyage en France pendant les années 1787 à 1790,
par Arthur Young, trad. de l'angl. par S. (Soules). *Paris*, 1794, in-8, 3 vol., d.-rel.

53. Sketches on a tour to Copenhagen, through Norway and
Sweden, interspersed with historical and other anecdotes
of public and private characters..., by Jens Wolff. *London*, 1814, in-4, fig., cuir de Russie gaufré, f., fil.,
tr. dor.

54. Two hundred and nine Days, or the journal of a tra-
veller on the continent, by T. Jefferson Hogg. *London*,
1827, in-12, pap. vél., 2 vol., br. en cart.

55. Ce livre est appelé Mandeville, et fut fait et composé
par M. Jehan de Mandeville, et parle de la terre de pro-
mission, c'est à savoir de Jérusalem et de plusieurs autres isles de mer et les diverses et étranges choses qui
sont esdites isles. 1480, pet. in-fol. goth., parch.

. Edition très rare, mais exempl. incomplet de 2 feuillets.

56. Voyage de Thunberg au Japon par le cap de Bonne-
Espérance et les iles de la Sonde, trad. par Langlès, avec
notes de Lamark. *Paris*, 1796, in-8, fig., 4 vol., d.-rel.

57. Le Monde maritime, ou Tableau géographique et historique de l'archipel d'Orient, de la Polynésie et de
l'Australie, par M. Walckenaer. *Paris*, 1819, in-8, pap.
vél., fig. color., 2 vol., cart. à la Bradel.

58. Atlas du Voyage autour du Monde, fait dans les années
1803, 1804, 1805 et 1806, par de Krusenstern, trad. de
l'aveu et avec des additions de l'auteur, par M. Eyriès.
1821, in-fol., br.

59. Atlas du voyage de Pallas en Russie. *Paris*, 1793,
pet. in-fol., br.

60. Voyage du jeune Anacharsis en Grèce, par l'ab. Bar-
thélemy. *Paris, Froment*, 1825, in-32, 8 vol., v. bl.,
fil d'or et ornem. à froid, tr. dor.

61. Histoire romaine depuis la fondation de Rome jusqu'à
l'établissement de l'Empire, par M. Poirson. *Paris*,
1825-26, in-8, 2 vol., br.

62. Les Monumens de la monarchie françoise, par B. de
Montfaucon. *Paris, Gandouin*, 1729, in-fol., fig.,
v. br. (*Tome Ier.*)

63. Statistique du département du Mont - Blanc, par
de Verneilh. *Paris, Testu*, 1807, in-4, br.

64. Dictionnaire étymologique des rues de Paris, par de
La Tynna. *Paris*, 1820, in-12, cart. à la Bradel.

65. The Picture of Hamburg. Pet. in-8, rel. en cart.

66. Lettres sur la Morée, l'Hellespont et Constantinople,
par Castellan. *Paris*, 1820, in-8, fig., 3 vol., v. bleu,
ornem. à froid, fil. d'or.

67. Deux années à Constantinople et en Morée (1825-1826), ou Esquisses historiques sur Mahmoud, les janissaires, les nouvelles troupes, Ibrahim-Pacha, Solyman-Bey, etc., par M. Ch. Deval. *Paris, Nepveu,* 1828, gr. in-8, fig. color., v. f., fil. d'or, ornem. à froid, tr. dor. *Hering et Muller.*

68. État actuel de la Perse, par Mir-Davoud-Zadour de Melik Schahnazar, imprimé en persan et trad. en arménien par J. Chahan de Cirbied, et en français par Langlès. *Paris,* 1817, in-18, mar. bl., dent., tr. dor.

Un des douze exempl. sur pap. rose.

69. The East India Gazetteer, containing particular description of the empires, kingdoms, principalities of Hindoustan, by Walter Hamilton. *London, Murray,* 1815, in-8, br. en cart.

70. Journal of a residence in India, by Maria Graham. *Edinburgh,* 1812, in-4, fig., d.-rel., dos de v.

71. Mythologie des Indous, travaillée par la chanoinesse de Polier sur les manuscrits authentiques apportés de l'Inde par le colonel de Polier. *Rondolstadt,* 1809, in-8, 2 vol., rel. en cart.

On a ajouté une gravure représentant M. de Polier dans son harem.

72. Choix des Lettres édifiantes écrites des missions étrangères, avec des additions, des notes, etc. (par M. de Montmignon). *Paris, Maradan,* 1808-1809, in-8, 8 vol., v. rac., dent.

73. Carte topographique d'Iédo au Japon, avec des explications en langue japonnaise. *Belle carte chargée de renvois de la main de M. Titsing.*

74. Description géographique, historique et commerciale de Java et des autres îles de l'archipel indien, par MM. Raffles et John Crawfurd, trad. de l'angl. par M. Marchal. *Bruxelles,* 1825, in-4, gr. pap., fig., br.

75. De Jacob-Kolb : Traité élémentaire de numismatique ancienne, grecque et romaine, d'après Eckhel. *Paris,* 1825, 2 vol., fig.—Notice sur la rareté des médailles antiques. *Paris,* 1828, 1 vol.—Recherches historiques sur les croisades et les Templiers. *Ibid.,* 1828, fig., 1 vol. : les 4 vol. in-8, br.

76. Dictionnaire bibliographique, ou Nouveau Manuel du libraire, par P. (Psaume). *Paris*, 1824, in-8, 2 vol., v. gr., fil.

77. Histoire de la vie et des ouvrages de La Fontaine, par M. Walckenaer, 3ᵉ édit. *Paris, Nepveu*, 1824, in-8, br.

> Exempl. en gr. pap. vélin, orné d'une gravure sur pap. de Chine, avant la lettre, avec la lettre au trait et l'eau forte.

78. Vies de plusieurs personnages célèbres des temps anciens et modernes, par M. Walckenaer. *Laon*, 1830, in-8, 2 vol., br.

> Tiré à 300 exempl., dont 200 seulement ont été mis dans le commerce.

79. Collection de la petite Encyclopédie pittoresque de voyages et relations, publiée par M. Nepveu. 107 tom. en 104 vol., in-18, fig. color., dont 36 vol. br.; le surplus relié par Courteval en v. porph., fil., tr. dor.

Partie brochée.

1. Lettres sur la Suisse, écrites en 1819, 20 et 21, par M. Raoul-Rochette. 1823, pap. vél., 6 vol.
2. La Perse, trad. ou extraite des relations les plus récentes, par D. Perrin, avec notes par Ed. Gauttier. 1823, pap. vél., 7 vol.
3. Tableau du royaume de Caboul..., par Mount-Stuart Elphinstone, trad. de l'angl. par Breton. 1817, pap. vél., 3 vol.
4. Ceylan, ou Recherches sur l'histoire, les mœurs des Chingulais, par Ed. Gauttier. 1823, pap. vél., 1 vol.
5. Voyage chez les Mahrattes, par Tone, trad. de l'anglais par M. L., et publié avec notes par Langlès. 1820, pap. vél., 1 vol.
6. Le Japon, ou Voyage de P. Ricord aux îles du Japon en 1811, 12 et 18, trad. de l'allemand par Breton. 1822, pap. vél., 2 vol.
7. Cérémonies usitées au Japon pour les mariages, les funérailles et les principales fêtes de l'année, trad. du japonais par Titsing. 1822, pap. vél., 3 vol.
8. L'Afrique (Sezzan, par Lyon, et Dahomey, par J. M'leod), trad. de l'anglais par Gauttier. 1821, pap. vél., 3 vol.
9. Le Brésil, par MM. Hipp. Tannay et Ferd. Denis. 1822, pap. vél. 6 vol.
10. Buenos-Ayres, ou le Paraguay, par M. F. Denis. 1823, pap. vél., 2 vol.
11. La Guyane..., par le même. 1823, pap. vél., 2 vol.

Partie reliée.

1. L'Espagne et le Portugal, ou Mœurs des habitans de ces deux

royaumes, avec un précis historique, par Breton. 1815, pap. vél., 6 vol.

2. L'Autriche, ou Mœurs..., par M. Marcel de Serres. 1811, pap. vél., 6 vol.

3. La Russie, ou Mœurs..., par Breton. 1813, pap. vél., 6 vol.

4. Mœurs, usages... des Ottomans, et Abrégé de leur histoire, par Castellan. 1812, pap. vél., 6 vol.

5. L'Illyrie et la Dalmatie..., trad. de l'allem. d'Hacquet, par Breton. 1815, pap. vél., 2 vol.

6. Voyage à Smyrne, dans l'Archipel et l'île de Candie, en 1811, 12, 13 et 14..., par J.-M. Tancoigne. 1817, pap. vél., 2 tom. en 1 vol.

7. Collection portative de voyages, trad. de différentes langues orientales et européennes, avec des notes par Langlès. 1797-1803, 5 vol.

8. Etat actuel de la Perse, imprimé en persan et trad. en arménien et en franç. *Impr. roy.*, 1818, pap. vél., 1 vol.

9. Les Marattes, par Brougton, trad. de l'angl. par Breton. 1817, pap. vél., 2 vol.

10. L'Hindoustan, ou Religion, mœurs, arts et métiers des Hindous, par Pannelier et Gaultier. 1616, pap. vél., 6 vol.

11. La Chine en miniature,..., par Breton. 1811-12, pap. vél., 6 vol.

12. Costumes et vues de la Chine, grav. par Simon d'après les dessins de M. Alexandre, avec des explications, trad. de l'angl. 1815, 2 tom. en 1 vol.

13. Du Thé, ou Nouveau traité sur sa culture, sa récolte..., par Marquis jeune. 1820, pap. vél., 1 vol.

14. Arts et métiers de la Chine représentés dans une suite de gravures d'après les dessins originaux envoyés de Pékin. 1811 et 1815, pap. vél., 2 tom. en 1 vol.

15. Le Japon, ou Mœurs, usages et costumes,..., par Breton. 1818, pap. vél., 4 vol.

16. L'Afrique (le Sénégal, par Geoffroy). 1814, pap. vél., 4 vol.

17. L'Egypte et la Syrie..., par Breton. 1814, pap. vél., 6 vol.

18. Le Monde maritime..., par M. Walckenaer. 1818, pap. vél., 4 vol.

80. Un second exemplaire des mœurs, usages et costumes des Ottomans. Pap. vél., fig. color., 6 vol., mar. bl. à compart. tr. dor.

II. Beaux-Arts, Ouvrages à figures, Vignettes, Dessins et Peintures.

81. Le Peintre graveur, par Adam Bartsch (École flamande). *Vienne*, 1802-1805, pet. in-8, 5 vol., br., et 2 cahiers de planches.

82. Dictionnaire des monogrammes, chiffres, lettres initiales, logogryphes, rebus, etc., sous lesquels les plus célèbres peintres, graveurs et dessinateurs ont dessiné leurs noms, trad. de l'allem. de Christ (par Sellius). *Paris*, 1750, in-8, fig., bas. rac.

83. Vie des peintres flamands, allemands et hollandois, par Descamps. *Paris*, 1753-1764, 4 vol. — Voyage pittoresque de la Flandre et du Brabant, par le même. *Rouen*, 1769, 1 vol. : les 5 vol. in-8, portr., v. m.

84. Les mêmes, avec les 169 portr. sur pap. de Chine, dont on dit qu'il n'a été tiré que 20 exempl., 5 vol., br.

85. Catalogue des tableaux de la collection de M. Speck, publié avec des remarques historiques et biographiques par le propriétaire lui-même. *Leipzig*, 1827, in-fol., fig., pap. vél., d.-rel., dos de mar. r. (15 lithographies et 10 gravures.)

86. Vol. in-8 oblong, d.-rel., dos de mar. vert, contenant diverses pièces de Fiquet pour la Vie des Peintres de d'Argenville et beaucoup de petites vignettes d'après Cochin pour l'Histoire de France, etc.

87. Le Cabinet d'or, ou Portraits des peintres, architectes..., par Corneille de Bie, avec explication en holl. *Anvers*, 1661, in-4, vél.—Traits héroïques des anciens Grecs et Romains, gravés par Abrah. Bogaert, avec explication holland. en prose et en vers. *Amst., Schoonebeck*, 1694, fig. == Chansons et airs à boire (en holl.). *Rotterd.*, 1701, pet. in-8, vél.

88. Histoire de la Bible en 288 fig., avec explic. en vers holl., par Klinkhamer. *Amst.*, 1766, pet. in-8, vél.

89. Vita beati Ignatii Loiolæ, Soc. J. fundatoris. *Romæ*, 1609, in-8, v. br., avec explications latines au bas des figures.

90. Humanæ salutis Monumenta, B. Ariæ Montani studio constructa et decantata. *Antuerpiæ, Ch. Plantinus*, 1571, gr. in-8, vél.

91. Jacobi à Bruck Emblemata politica. *Argentinæ, Jac. ab Heyden.*, 1618, pet. in-4, fig., v. br. — Emblemata. Emblèmes chrestiennes et morales de Zacharie Heyns. 1625, in-4, fig., parch.

92. Emblemata Flor. Schoonhovii partim moralia, partim civilia. *Goudæ*, 1618, in-4, fig., parch.—Symbolarum

et Emblematum ex re herbariâ, ex animalibus quadrup., ex volucribus et insectis, ex aquatilibus et reptilibus desumptorum Centuriæ, à Joa. Camerario collectæ. *Francof.*, 1654, in-4, fig., v. br.

93. Histoire des arts en France, prouvée par les monumens, par A. Lenoir. Gr. in-8, et atlas in-fol. de 164 planches gravées au trait par Percier et autres, br. en cart.

94. Musée des monumens français, ou Description historique et chronologique des statues en marbre et en bronze, bas-reliefs et tombeaux des hommes et femmes célèbres..., par A. Lenoir. *Paris, Guilleminet*, 1800-1821, gr. in-8, fig., 8 vol., br. en cart.

> Exempl. en pap. vélin, devenu rare.

95. Recueil de portraits inédits des hommes et des femmes qui ont illustré la France sous différens règnes, par le même. *Paris*, 1807, in-8, tiré in-4, pap. vél., br. (*Tome I*er *et unique.*)

96. Le Statue e li Bassirilievi inventati e scolpiti in marmo del cavaliere Alberto Thorwaldsen sculptore danese, disegnati ed incisi dai Riepenhausen e da Ferdinando Mori. *Roma*, 1811, in-fol., br. (32 *pièces.*)

97. Notice sur l'explication des trente-six colonnes de granite destinées à la construction des portiques de l'église de Saint-Isaac, par A. de Montferrand. *Saint-Pétersbourg*, 1820, pet. in-fol., rel. en cart.

> Exempl. portant deux lignes de la main de l'auteur et sa signature, et auquel sont ajoutés le plan de la place et de l'église Saint-Isaac, et 5 lithographies relatives à l'ouvrage.

98. Vues de Provins dessinées et lithographiées par plusieurs artistes, avec un texte par M. D... *Paris*, 1822, gr. in-4, d.-rel., dos de mar., fig. sur pap. de Chine.

99. Trente vues de la Grèce, avec un texte explicatif représentant des contrées et des monumens qu'on trouve encore aujourd'hui, gravées d'après Cockrell, Williams, etc. *Carlsroühe, s. d.*, in-8, pap. vél., br.

100. Costumes et Annales des grands théâtres de Paris (par Le Vacher de Charmois). In-8, fig. color., 7 vol., bas. rac.

101. 83 pièces gr. in-4, color., dont partie des costumes des environs de Paris et de ceux du pays de Caux.

102. Collection des costumes de Paris, dessinés et gravés par Debucourt, et coloriés (50 *pièces*). — 5 dessins du même, coloriés, costumes de grisettes. — 14 costumes de Paris en 1800, dessinés et gravés par Martinet, et quelques costumes de Cauchoises. In-8.

103. 26 costumes parisiens de 1797, pris par Bonneville dans le Journal des Dames. — 5 dessins de costumes d'enfans. — 5 dessins de saltimbanques, color. — Choix de costumes italiens par Gabr. Scheffer. 1832, in-8. *16 pièces color.*

104. Costumes et mœurs des Italiens, par Pinelli, en 50 feuilles gravées sur acier et imprimées sur pap. de Chine. In-16 oblong, joli cartonnage dans un étui.

105. Art du coiffeur, représenté en 60 têtes dont les fig. sont gravées et les coiffures dessinées et color. Recueil in-8. — Autre recueil de près de 125 grav. in-8, 250 têtes dont les fig. sont gravées et les coiffures dessinées et coloriées. — Autre recueil in-12 de 98 têtes dont les fig. sont gravées et les coiffures dessinées et coloriées.

106. Divers costumes de Hollande, de l'île de Sylt, d'Ammercnom, du Holstein, du Danemarck. 34 pièces in-4, color. — Costumes de Trèves, de la Souabe, de la Bavière, de la Hongrie, etc. In-8, 44 pièces color.

107. Armée polonaise. *Nuremberg, Fréd. Campe,* 1831, gr. in-4, 13 feuilles color. représentant les uniformes des divers régimens polonais pendant la guerre de leur indépendance.

108. Costumes du Danemarck, dessinés et gravés à Copenhague. 36 pièces, in-4.

Recueil rare en France.

109. Costumes orientaux inédits, dessinés d'après nature en 1796, 1797, 1798, 1802 et 1809, gravés à l'eau forte, terminés à la pointe sèche et coloriés, avec des explications. *Paris,* 1813, en feuilles, in-4.

Cet ouvrage n'a été tiré qu'à 250 exempl.

110. Collection de cris et costumes des paysans et paysannes

de Saint-Pétersbourg, dessinés d'après nature et coloriés par divers artistes de la capitale. *Saint-Pétersbourg*,
1823, gr. in-4, 16 pièces. = Voyageurs en kibitka et
en traîneaux, 2 lithographies publiées à Saint-Pétersbourg. In-fol. oblong.

111. Souvenirs de Saint-Pétersbourg, collection de 36 lithographies représentant des sujets nationaux, des
équipages de ville, de voyage, voitures diverses, etc.,
dessinés d'après nature par divers artistes. *Saint-Pétersbourg*, 1824, pet. in-fol. oblong.

112. Atlas, ou Collection de 43 costumes persans militaires
et civils, dessinés par A. Orlowski, pour orner le Voyage
en Perse fait en 1812 et 1813 par Gasp. Drouville.
Saint-Pétersbourg, 1823, in-fol.

113. Costumes orientaux. Vol. très gr. in-fol., contenant
230 gravures tirées de Feriol, de Mouradja d'Ohsson,
de Choiseul-Gouffier et autres.

114. Dames et demoiselles japonaises vêtues de leurs
plus beaux habillemens, et faisant des visites de céré-
monie. 4 feuilles de 14 pouces et demi de hauteur sur
10 pouces de largeur.

> Gravures imprimées en couleur au Japon sur papier de mûrier.

115. Galerie de Mignard, dessinée lithographiquement
d'après les tableaux originaux, par Drouillière, 1er, 2e
et 3e cahiers, contenant 18 lithographies coloriées. *Saint-
Pétersbourg*, 1822, in-fol. oblong.

116. Collection de 18 vignettes d'après les meilleurs peintres modernes, gravées sur acier sous la direction de
M. Frommel, par Schuler et les artistes les plus ha-
biles. *Carlsruhe*, in-4, pap. vél. blanc impérial.

117. 20 pièces d'après Rubens, Le Guerchin, etc., par
Cunego, Vermeulen, Vischer, Vorsterman, Houbra-
ken. — 10 autres d'après Paul Véronèse, Gérard Dow,
Baroche, et autres.

118. 25 pièces, dont plusieurs d'après Martin de Vos, Stra-
dan, par Sadeler et autres.

119. Le Triomphe de la Mort, gravé d'après Holbein par
de Méchel. 1780, 20 vignettes in-8 en 5 feuilles.

120. Lady Fenoulhet, d'après Reynolds, par Purcell. —

Cromwell intimant ses ordres au Parlement. Eau forte.

121. Portrait de l'empereur Kien-Long, gravé à Londres en 1795, gr. pièce color. — 2 peintures chinoises représentant deux palais du jardin de l'empereur, collées sur toile.

122. 11 grandes gravures relatives à l'équitation, dessinées et gravées par Ridinger, avec des explications en trois langues. Gr. in-fol.

123. 75 gravures au trait, tirées de l'Iliade et de l'Odyssée d'Homère, d'après les compositions de J. Flaxmann, par Ed. Schuler. *Carlsrouhe, sans date,* in-8, pap. vél. bl.

124. Collection de 30 gravures tirées des OEuvres d'Horace, avec une carte et un texte explicatif, gravées sous la direction de Frommel. *Carlsrouhe, s. d.,* in-8, pap. vél.

125. Collection de 50 gravures tirées de Virgile, et gravées sous la direction de Frommel. *Carlsrouhe, s. d.,* in-8, pap. vél., br. — 12 vignettes de Tempeste pour l'Énéide de Virgile.

126. Suite de vignettes pour les OEuvres complètes de La Fontaine, avant la lettre, tirées in-8, avec des épreuves doubles portant des différences, et les gravures supprimées par l'éditeur, et dont un petit nombre avait été tiré avant la suppression; ces vignettes exécutées par Leroux, Pourvoyeur et autres, d'après les dessins d'A. Desenne, se composent de 154 pièces, *savoir:*

Portrait.....................	1
Fables.....................	60
Contes.....................	75
Psyché et Théâtre............	12
Contes attribués à La Fontaine.	6
Total.	154
On y a ajouté 32 vignettes de Coiny.....................	32
Total.	186 planches.

Les Fables, les Contes et la Psyché portent chacun un encadrement particulier.

127. 20 vignettes d'après Desenne, avant la lettre, tirées

sur in-8 pour les OEuvres de La Fontaine, de l'édition Ménard et Desenne.

Collection devenue rare.

128. Suite complète de 276 vignettes de Simon et Coiny, pour les Fables de La Fontaine. In-8, avant les numéros, et encadrées ensuite d'arabesques.

129. 12 vignettes d'après Chasselas, avant la lettre, pour les Fables de La Fontaine.

130. 20 vignettes anglaises, sur pap. de Chine, avant la lettre, pour les Fables de La Fontaine. Sujets en travers, in-8.

131. 95 vignettes pour les Contes de La Fontaine, dont 67 formant la collection de l'édition dite *Cazin*, et 28 gravées par Coiny et Couché, ajoutées comme doubles de quelques uns des sujets de Contes. Le tout tiré in-8 sur pap. de Chine.

132. Suite de vignettes pour les Contes de La Fontaine, édition dite *des Fermiers-Généraux*. 100 pièces.

Dans cette suite, il y a beaucoup d'épreuves avec des variantes, et d'autres qui ont été supprimées par les éditeurs dans les exemplaires ordinaires.

133. 10 dessins sur pap. de couleur, à la seppia et à l'encre de Chine, rehaussés de blanc, par Xavier Le Prince, pour la Henriade de Voltaire.

Ces dessins ont été gravés pour l'édition des classiques in-18 de M. L. Debure.

134. Suite de 10 gravures avant la lettre, tirées sur in-8 pour la Henriade, d'après Xavier Le Prince.

135. Suite de 14 gravures avant la lettre, papier de Chine, pour les OEuvres complètes de Tressan, d'après les dessins de Colin.

136. Suite de 10 gravures, papier de Chine, avant la lettre, d'après Colin, par Pourvoyeur et Blanchard, pour Roland furieux de l'Arioste.

137. Suite des quatre vignettes de la vie du Tasse, d'après Louis Ducis, gravées par P. et H. Pauquet.

Cette suite est in-4, avant la lettre, sur pap. de Chine.

138. Illustrations of Shakspeare comprised in two hun-

dred and thirty vignettes engraving by Thompson from designs by Thurston. *London*, 1827, gr. in-8.

139. 112 gravures et vignettes.

140. Autres vignettes et gravures, et quelques lithographies. 30 *pièces*.

141. 31 études de têtes et fig., au crayon rouge, sur 6 feuilles. — 10 études de paysages et d'animaux, par Imbart, dessinées au crayon. — Deux très grandes eaux-fortes, représentant des caricatures, scènes de carnaval, scènes prises à Rome.

142. 50 dessins au crayon, principes, paysages et figures — 14 autres dessins, principes de figures.

143. 12 dessins de différens maîtres.

144. 5 dessins de Desève et autres.

145. 4 paysages à l'encre de la Chine.

146. 4 grands paysages, dont un de Godefroy.

147. 1 grand dessin de M. Wille fils, 1786.

148. 17 dessins, personnages, animaux, paysages, par Cigoli, Werevermans, etc., etc.

149. Combat de Pygmées montés sur des chèvres et sur des chats ; très ancien dessin à la plume, de 16 pouces de largeur sur 7 pouces et demi de hauteur.

150. 9 dessins, dont deux coloriés à l'aquarelle.

151. 4 dessins, dont un de Guellain.

152. 2 grands dessins d'anciens maîtres : la Flagellation et l'adoration des Mages.

153. 4 dessins au crayon rouge, dont un dans le genre de Rembrandt ; ce dernier représente l'adoration des Mages.

154. 20 petits dessins de maîtres italiens, français et allemands, dont quelques uns de Gabiani, etc.

155. 9 dessins d'anciens maîtres, dont un d'André del Sarte ; un autre au crayon rouge représentant Judith.

156. Vues pittoresques du Cap-Nord et de la Norwége, dessinées et peintes à l'aquarelle, en 1821, par A. Dalager, 20 pièces de 13 pouces de hauteur sur 15 pouces de largeur.

157. Socrate et Alcibiade, dessin à la plume, attribué au

3

Guerchin. — Héraclite et Démocrite, dessin à la plume, par le même.

158. Portrait du général Moreau, fait immédiatement après sa mort à ~~Waterloo~~. Aquarelle commencée, de 8 pouces de largeur sur 6 pouces de hauteur.

Ostende

> Moreau est étendu sur un lit de parade dans une chapelle ardente, il a les deux jambes emportées et les mains croisées sur la poitrine.

159. Petites études d'antiquités et de divers sujets de l'Histoire ou de la Fable, dessinés par L. J. F. La Grenée, peintre de l'Académie royale. Pet. in-4, parch. (74 pièces.)

> Ce recueil de dessins est suivi de notes mss. dans lesquelles M. La Grenée a consigné les sujets des divers tableaux exécutés par lui en France et en Russie, les noms des acquéreurs, les prix auxquels il les a vendus, etc.

160. Combats et études de batailles, 5 dessins par La Grenée.

161. La Paix, l'Abondance, la Victoire et la Force, 4 grandes figures dessinées au crayon, rehaussées de blanc, par La Grenée. Hauteur 2 pieds 2 pouces, largeur 1 pied 3 pouces.

162. 10 dessins au crayon et au trait, composés en bas-reliefs, par La Grenée, pour l'histoire de l'Amour et Psyché.

163. 39 dessins à la plume, de Joseph Vernet, représentant des scènes de marine, des barques, des vaisseaux, des aspects de ports, etc., dans un vol. in-4, d.-rel., dos de mar. r.

164. Recueil de 102 dessins anciens à la plume, représentant des paysages, des forteresses, d'anciens châteaux. In-8, rel. en cart. (Ces dessins nous ont paru être d'un peintre flamand et avoir été exécutés dans le XVIe siècle). — Autre vol. in-8 obl., d.-rel., contenant nombre de croquis à la plume, faits à Rouen, par un peintre moderne; ils représentent des personnages, des monumens, des temples, des ruines, etc., etc.

165. Norblin : Attaque d'une redoute russe par des paysans polonais armés de faux; dessin lavé; hauteur 11 pouces, largeur 18 pouces.

166. Overlaet : 2 dessins très fins, à la plume, montés sur un carton : Joueurs de boule et bateliers.—Du même 2 autres petits dessins à la plume.

167. Guerchin : Jeune Fille répondant à un jeune pâtre, dessin à la plume rehaussé de blanc; hauteur 7 pouces sur 6 pouces 10 lignes.

168. Annibal Carrache : Dessin à la plume et au bistre. Religieux distribuant des vivres aux pauvres; hauteur 9 pouces et demi sur 9 pouces de largeur; la gravure de ce dessin à l'eau-forte, par S. Guellain.

169. 5 grands dessins d'arabesques pour plafond, coloriés à l'aquarelle.

170. Le Triomphe de Silène, grand dessin au crayon noir et blanc, par un peintre flamand. — Vue d'un port de la Nouvelle-France, gr. dessin collé sur carton.

171. Le Triomphe de Galatée, au bistre et à l'encre de Chine, rehaussé de blanc; 21 pouces de hauteur sur 16 pouces et demi de largeur.

> Du cabinet du cardinal Fesch, qui attribuait ce dessin à Raphaël. M. Ingres pense qu'il est de Goltzius.

172. 8 dessins à l'aquarelle sur feuillet in-8, représentant des dames de la haute classe en costumes variés. — 18 feuillets in-8, dessinés à l'aquarelle, représentant plus de 100 chapeaux, et bonnets de dames, de formes variées.

173. Costumes des employés aux mines de Hartz. 4 dessins à l'aquarelle, collés sur cartons.

174. 109 costumes turcs, grecs, arméniens, persans, etc., dessinés et coloriés à Constantinople, par un peintre arménien. Pet. in-8, v. f., tr. dor.

175. Costumes dessinés et coloriés des officiers et grands dignitaires de l'Empire Ottoman (en buste seulement). In-8 oblong, rel. en cart.

> Ce recueil est accompagné d'explications mss. en trois langues, allemande, flamande et franç., et paraît avoir été fait dans le XVIᵉ siècle, par un Européen.

176. Costumes orientaux en pied, avec des explications en français. Pet. in-8, ancienne rel. orientale en mar. r.

> 80 pièces rehaussées d'or, restantes de 108 dont le vol. était composé

dans l'origine. Suivant une note qu'on lit sur un feuillet du vol., ces peintures auraient été exécutées à Constantinople, et le vol. aurait été apporté en France par une personne de l'ambassade envoyée à Louis XIII en 1618.

177. Costumes indiens, peints sur talc avec une tête peinte séparément, qui se rapporte, au moyen de la transparence des feuilles de talc, aux divers personnages représentés.

Ces costumes, soigneusement peints dans l'Inde, sont renfermés dans une boîte à coulisse de bois de citronnier d'un seul morceau.

178. Vol. in-fol. oblong, d.-rel., contenant les 34 gravures originales japonaises, représentant les cérémonies usitées au Japon pour les mariages, les mêmes gravées sur bois et le texte en langue japonaise, avec des titres en français de la main de M. Titzingh ; et de plus les gravures aussi color. que M. Nepveu a fait exécuter d'après les originaux ci-dessus.

Ce vol. est un des plus précieux de la collection de M. Titzingh. On y a joint le vol. in-8, publié en 1819, chez M. Nepveu, contenant le détail des mêmes cérémonies et de celles observées dans les funérailles, avec une notice des livres mss. japonais et des peintures, gravures, etc., du cabinet de M. Titzingh.

179. Cortège funèbre et tombeau d'un gouverneur de Nangasaki, enterré en juillet 1784. ═ Cortège funèbre d'un grand dignitaire japonnais. In-fol. obl., d.-rel., dos de mar. r.

Le 1ᵉʳ cortège offre plus de 130 personnages, et le second 105, tous coloriés à l'aquarelle ; ils étaient originairement disposés l'un et l'autre en rouleau, suivant l'usage des Japonais et des Chinois, on leur a donné depuis la forme d'un volume pour les classer plus facilement dans les bibliothèques européennes. Ce vol., non moins précieux que le précédent, renferme les dessins originaux de l'ouvrage publié à Paris, chez Nepveu, sur les funérailles des Japonais et reproduit à Londres par Ackermann, et forme, avec l'ouvrage précédent, un ensemble des plus curieux. Ces 2 ouvrages ne seront vendus séparément que dans le cas d'offres insuffisantes pour les deux réunis.

180. Bonze de la secte des Tao-ssée et Lama des bannières tartares, deux dessins originaux sur papier de Chine.

181. Deux Toui-ssée ou Inscriptions morales de 5 pieds 3 pouces de hauteur sur 2 pieds 2 pouces de largeur, montées sur deux rouleaux à gorge.

Elles sont écrites en noir sur un fond rouge et encadrées de festons dorés.

182. Merveilles de Hang-Tcheon-fou, ou Palais et jardins de cette ville, de la province de Tche-Kiang, en Chine, suite de dessins peints sur gaze pour l'usage de l'empereur et de son premier ministre, avec l'explication en chinois en regard de chaque dessin. In-16, mar. jaune ant., fers à froid.

> Ces dessins se déploient comme les feuilles d'un paravent. Voici ce que dit le P. Cibot sur ces dessins : « Quand l'Empereur visite les provinces du midi, les gouverneurs lui présentent long-temps avant des dessins des palais où sa Majesté peut résider. Ce vol. a été peint pour le premier ministre qui était du voyage. »

183. Autre vol. du même genre.

184. 3 peintures chinoises, dont une sur soie représentant deux Dames dans une barque.

185. Vol. in-fol. obl., d.-rel., contenant 8 anciennes peintures chinoises sur gaze, et 38 gravures chinoises sur pap. de bambou, dont une imprimée en couleurs.

186. 2 très grands dessins collés sur toile, représentant des pyramides hiéroglyphiques et une quantité de dessins et gravures relatifs aux hiéroglyphes.

187. Choix de 20 vues pittoresques de la Chine, dessinées à l'aquarelle sur pap. de bambou. Vol. gr. in-fol. oblong, d.-rel. en mandarine.

> Ces vues, prises dans diverses provinces de la Chine, et faites par des artistes chinois aux frais de M. Van Braam, offrent beaucoup d'intérêt. Des notes mss., trad. du texte hollandais inédit de ce voyageur, qui faisait partie de l'ambassade en Chine, donnent sur chaque site des détails curieux et de la plus grande authenticité.

188. Choix de 25 vues pittoresques de la Chine, prises principalement dans les provinces de Canton et du Kiang-nan, dessinées à l'aquarelle sur pap. de bambou. Vol. gr. in-fol. oblong, rel. en carton, recouvert entièrement en mandarine.

> Ce vol. est, comme le précédent, accompagné de notes manuscrites, trad. du holland. de M. Van Braam, aussi intéressantes que les premières.

III. *Manuscrits et autographes.*

189. Album amicorum. In-8, rel. en velours, tr. dor. et ciselée.

> Les notes consignées sur ce vol. ne renferment qu'un court espace

de moins de 3 années (1625 à 1627). Les signataires sont pour la plupart des nobles et des savans allemands , dont les armoiries color. se voient au milieu de la page entre la devise et la signature.

190. Pièces de M. C***. In-fol., v. br.

> Ms. d'environ 450 pages, contenant diverses poésies et quelques pièces dramatiques, dont : Othon III, trag.; l'Avare, com.; le Triomphe des Médecins, com.; et la Philis de Bonarelli; trad. en vers libres : cette dernière pièce incomplète d'un feuillet.

191. Quatre pièces dramatiques de Carmontelle, *autographes:* 1° l'Héritière de S.-Germain-en-Laye, fait hist. en 1 acte et en prose ; 2° le Bonheur et le Plaisir, divert. en 2 actes. 1771 ; 3° l'Amante inquiète, divertissement en 2 actes. 1779; 4° le Peuple auteur et spectateur.

> Dans la seconde de ces pièces, le duc d'Orléans (Louis-Philippe) devait jouer le rôle du Bonheur; son fils (Louis-Philippe-Joseph, alors duc de Chartres), le rôle du Plaisir, fils du Bonheur, et Mad. de Montesson (épouse non déclarée du duc d'Orléans), celui de la Fée *Souveraine;* un Génie, mari de la Fée hargneuse, y figure sous le nom de *Tricolor :* cette pièce et la suivante (l'Amante inquiète) ont chacune un croquis au crayon, de la main de Carmontelle.

192. Le Rêve de d'Alembert, par Diderot. 31 *pag. pet. in-4,* de la main de Naigeon.—Copie, également de la main de Naigeon, d'une lettre de l'abbé Morellet *à son cher athée,* le baron d'Holbach, sur la question de l'existence de Dieu. 11 *pages, petit in-4.*—Réponse à cette lettre au nom du baron d'Holbach, par Diderot et Naigeon; 42 *pages, aussi pet. in-4,* de la main de Naigeon : cette dernière pièce est chargée de corrections et d'additions, d'une main étrangère.

193. Michaelis Hæbereri Brettani archi-palatini, Historia servitutis ægyptiacæ, tribus libris exposita ; quibus adjuncta est narratio Legationis susceptæ in regnum Bohemiæ, Poloniæ, Sueciæ et Daniæ, vicinosque principatus et urbes hanseaticas, germanicè olim ab ipso authore conscripta...., nunc verò in linguam latinam translata, et emblematis historicis passim illustrata, studio et operâ Dan. Parei. In-fol., d.-rel., non rogné. (*Incomplet des derniers feuillets.*)

194. Traité de la patience, par Georges Hoefnaghel, datté de mai 1569. In-fol., mont. maroq. vert , fil.

> Manuscrit autographe et signé, exécuté à Londres et dédié à Jean Radermaeker, amateur des beaux-arts: il est orné de 25 dessins au

crayon rouge, représentant par emblèmes les diverses situations par lesquelles la patience est le plus à l'épreuve. Au bas de chaque dessin sont des vers en langue flamande qui en expliquent le sujet; en regard est une traduction française de ces vers d'une écriture moderne.

195. Heures latines avec calendrier. Gr. in-8, rel. en bois.

> Beau ms. sur vélin, du xv⁰ siècle, avec lettres initiales, bordures sur toutes les pages et 12 grandes miniatures, le tout en or et en couleurs.

196. Histoire ecclésiastique d'Eusèbe, avec la continuation de Ruffin, trad. en franç. In-fol., v. br.

> Beau ms. sur vélin, du xv⁰ siècle, exécuté pour Anne de Bretagne, femme de Louis XII. La prem. page du prologue de Ruffin, entourée d'arabesques en or et en coul., et toutes les capitales en tête des chapitres chargées d'ornemens variés, aussi en or et en couleurs : ce beau vol. est malheureusement incomplet du commencement du *prohéme* du traducteur et des derniers chapitres de la continuation de Ruffin.

197. Dialogues japonn. et hollandais, composés par un interprète japonnais et corrigés par M. Titzingh. In-8 obl., d.-rel., dos de mar. jaune.

198. Lettres autographes sur papier européen et sur papier de mûrier de savans japonnais et autres, adressées à M. Titzingh. Pet. in-fol., d.-rel., dos de mar. bl.

199. Exposé du Livre des fleurs ou aromates, trad. du japonnais en hollandais, par M. Titzingh. In-fol., d.-rel., dos de mar., bl.

200. Exposé de la conduite de M. Titzingh pendant la durée de sa direction et de ses ambassades au Japon.—Explication de la carte de Jédo.—Lettres de créance de Macartney, de Titzingh, etc., etc. In-fol., d.-rel., dos de m. bl.

201. Journaux manuscrits et inédits des Voyages faits en 1780 et 1782 par M. Titzingh à Jédo (en hollandais). In-4, d.-rel., dos de v. bleu.

202. Journal d'un voyage à Péking, traduit du hollandais et du manuscrit autographe de Titzingh, ambassadeur de la république de Hollande en Chine. In-fol., d.-rel., dos de parch. vert.

> Cette traduction française accompagne l'original hollandais qui est de la main même de l'ambassadeur.

203. Mémoire sur les Philippines, manuscrit espagnol sur

papier de Chine. Pet. in-fol., d.-rel., dos de maroq. violet.

Cet écrit, qui est de 1820, provient de la vente du capitaine Philibert et donne des notions exactes sur l'état agricole et commercial des Philippines.

204. Histoire des Philippines, par Alphonse de Axagori. Pet. in-fol., d.-rel., dos de mar. viol.

Manuscrit espagnol sur papier de Chine, rédigé en 1817 à Manille; il provient de la vente du capitaine Philibert.

205. Accusation présentée au Ministre, par un sieur Ventaven, contre le P. Bourgeois, supérieur de la mission de Pekin. — Requête du P. Bourgeois, à l'effet d'obtenir la révocation de l'ordre qui avait investi Ventaven des terres que la mission avait à *Kou-gan*.

Trois lettres originales en chinois.

206. Mémoire sur l'intérêt de l'argent en Chine. Notice sur le papier de Corée; autre sur le fresne de Chine, nommé *Hang-Ichum*; autre sur le chêne; autre sur les raisins secs de Ha-Im, sur l'abricotier; Ché-Hiang (la civette); Notice sur le livre chinois *Si Quen*. In-4, d.-rel., dos de mar. r.

Toutes pièces autographes du P. Cibot, de 1771 à 1775.

207. Remarques touchant le papier de la Chine, par le P. Xavier Dentrecolles. — Écrit sur l'encre de Chine, par le même. — De la manière dont on imprime à la Chine. Cahier pet. in-fol.

Copie de l'ouvrage de ce savant jésuite.

208. Missions dans le Maduré, journaux de voyages dans l'Inde, par les pères Martin, Lalanne, Barbier, etc. 1699 à 1740. Pet. in-4, d.-rel., dos de v. bl.

Toutes pièces autographes, la plupart signées.

209. Relation autographe et signée du père Martin, d'une mission dans le Maduré, datée de Pondichery, 1702. In-4, d.-rel., dos de v.

Elle est intéressante : incomplète cependant des premiers feuillets.

210. Lettre (italienne) de Constance Phaulkon, premier ministre du Roi de Siam, écrite de Siam, le 28 novem-

bre 1686.—Copie d'une lettre du P. Duchat, supérieur de la mission des Jés. au royaume de Siam, au P. Demouthier, contenant une relation étendue sur les travaux de la mission, sur le pays et ses habitans; *à la suite,* lettre d'envoi au P. le Gobien, de la même compagnie. *Autogr. sign.*—Copie de la lettre du P. de Bèze au P. de la Chaize, contenant des détails les plus curieux sur la révolution de Siam, sur la fin tragique du ministre Constance, victime de son dévouement à la France, sur sa veuve... sur la conduite du commandant des troupes françoises.... — Copie de l'accord fait à la suite de ces événemens entre ce commandant (M. Desfarges) et le roi de Siam, adressée au P. Tachard à Pontichery; cette copie est signée du P. Tachard.

> Toutes pièces historiques curieuses; la lettre de M. Constance (*autographe de 4 pages, signé*) a de plus un mérite de grande rareté; il est plus que probable qu'aucune autre lettre de Phaulkou n'existe chez nos amateurs d'autographes.

211. Copie d'une lettre du P. de Goville, jesuite, à M. Guigne, écrite de Chine le 2 avril 1712.—Billet de 8 lignes de la main du P. Parennin, supérieur de la mission de France en Chine, et signé; daté de Pekin, le 3 mars 1721.

212. 8 pièces, tant originales que copies, des missionnaires de la comp. de J., en Chine, des premières années du xviiiᵉ siècle. — Lettre de J.-P. Collas, missionnaire, en Chine, datée de Peking, le 2 octobre 1780. *Autogr. signé.*

213. Copie de 9 lettres écrites par le P. Guenard, jésuite, à l'abbé d'Olivet, de 1744 à 1760.

214. Lettre du cardinal de Savoie, 4 août 1621. *Autogr. signé.*

215. Lettre du cardinal de Berulle à Louis XIII. *Autogr. signé.*

216. Lettre du cardinal Ubaldini à la reine Marie de Médicis, 4 juin 1628. *Autogr. signé.*

217. Lettre du cardinal Barberin au cardinal de Richelieu, 12 mars 1625. *Autogr. signé.*

218. Lettre du cardinal de Sourdis, écrite de Bordeaux au

4

cardinal de Richelieu, 25 octobre 1635. *Autogr. signé.*

219. Lettre du P. Suffren, jésuite, au cardinal de Richelieu, septembre 1634. *Autogr. signé.*

220. Lettre du duc de Bellegarde, 24 janvier 1633. *Autogr. signé.*

Pièce très rare.

221. Lettre de M. de Bullion au cardinal de Richelieu, du 6 octobre 1637. *Autogr. signé.*

222. Lettre de Saint-Evremond à l'abbé de Hautefeuille. *Autogr. signé.*

223. Lettre de Regnier-Desmarais au président de Mesme, en vers et en prose. *Autogr. signé.*

224. Lettre de Bossuet au P. Mabillon, 29 janvier 1688. *Autogr.*

225. Lettre de Bossuet, du 31 octobre 1702.

Cette lettre offre une particularité assez remarquable, due à un moment de préoccupation ou d'inattention. La phrase qui précède immédiatement la signature est celle-ci. *Je ne doute point du secours de mad. de Maintenon.* La signature qui suit est ainsi : *Benigne E. de Maintenon* au lieu de *E. de Meaux.*

226. Autre lettre de Bossuet, de novembre 1702. *Autographe de 6 pages, signé.*

227. Lettre de Leibnitz, 8 février 1700. *Autogr. signé.*

228. Lettre du duc de Mazarin, du 25 octobre 1700. *Autogr. signé.* — Lettre du duc de Gesvres, gouverneur de Paris, 18 mai 1749. *Autogr. signé.*

229. Pièce du 3 mars 1703, signé du duc de Lauzun (Antoine Nompar de Caumont), célèbre par ses aventures et surtout par son mariage secret avec Mlle de Montpensier.

230. Lettre de J.-B. Rousseau à l'abbé d'Olivet, 8 décembre 1721. *Autogr.*

231. Autre Lettre de J.-B. Rousseau à l'abbé Dolivet, 3 mars 1732. *Autogr.*

232. Une 3me lettre au même abbé d'Olivet, 12 mars 1732. *Autogr. de 7 pages.*

233. Lettre du comte de Forbin, du 13 avril 1723. *Autogr. signé.*

234. Lettre du cardinal de Fleury au duc de Richelieu, 4 juin 1727. *Autogr. signé.*

235. Billet du 1er novembre 1738, de la main d'André Michel de Ramsay, ancien gouverneur de Turenne et auteur de l'histoire de Turenne et d'autres ouvrages.

236. Lettre de Voltaire à d'Argental, 16 avril 1768. (*De la main de Wagnère, terminée par le petit V. de la main de Voltaire.*)

237. Lettre du cardinal de Bernis au Conseiller d'État, Paris de Monmartel, 25 septembre 1764. *Autogr. signé.*

238. Billet de l'abbé de Saint-Léger, 20 avril 1775. *Autogr. signé.* — Lettre de Dansse de Villoison à de Querlon. *Autogr. signé.*

239. Billet de 10 lignes de la main de l'ex-roi de Hollande, Louis Bonaparte, alors aide-de-camp à l'armée d'Italie, 2 nivose.

240. Lettre d'Anquetil, l'historien, du 21 mai 1803, terminée par six lignes de sa main et signée.

---

241. Vol. pet. in-8, composé de 75 feuillets formés d'une toile fine recouverte des deux côtés d'un enduit noir, et se déployant comme les feuilles d'un paravent; chaque plat du vol. est en bois recouvert d'une peinture un peu usée. Ces sortes de tablettes sont encore en usage chez plusieurs peuples de l'Orient.

IMPRIMERIE DE Mme HUZARD (née VALLAT LA CHAPELLE), RUE DE L'ÉPERON, N° 7.

ORDRE DES VACATIONS.

1re *Vacation. Lundi* 16 *décembre* 1833.

Les n°s 81 à 116.
187 à 202.
1 à 27.

2e *Vacation. Mardi* 17.

Les n°s 117 à 156.
203 à 222.
28 à 55.

3e *et dernière Vacation. Mercredi* 18.

Les n°s 56 à 80.
223 à 241.
157 à 186.

Sous Presse, chez le même Libraire :

POLYGLOTTE AMÉRICAINE, ou Collection de Grammaires et de Vocabulaires des langues et des dialectes des deux Amériques, publiée par M. Henri Ternaux.

L'ouvrage se publiera par livraisons formant chacune un volume in-4° d'environ 4oo pages. Le prix de la livraison est de 2o fr. pour les souscripteurs à la collection entière, et de 3u fr. prise séparément.

MONNOIES INCONNUES DES ÉVÊQUES DES FOUS et de quelques autres Associations du même temps, recueillies et décrites par M. R***, d'Amiens, avec des notes et une Introduction sur les espèces de plomb, l'habit de Fou et les rébus dans le moyen âge, par M. C. L***. Un vol. in-8 orné de plus de 4o planches. Ce volume paraîtra fin de ce mois de décembre.

———

Le même Libraire a également sous presse, pour paraître successivement en décembre et en janvier, les Catalogues de diverses Bibliothèques où se trouvent nombre de Livres anciens et modernes, rares et curieux, des suites de grands et beaux ouvrages, des manuscrits et autographes; etc.

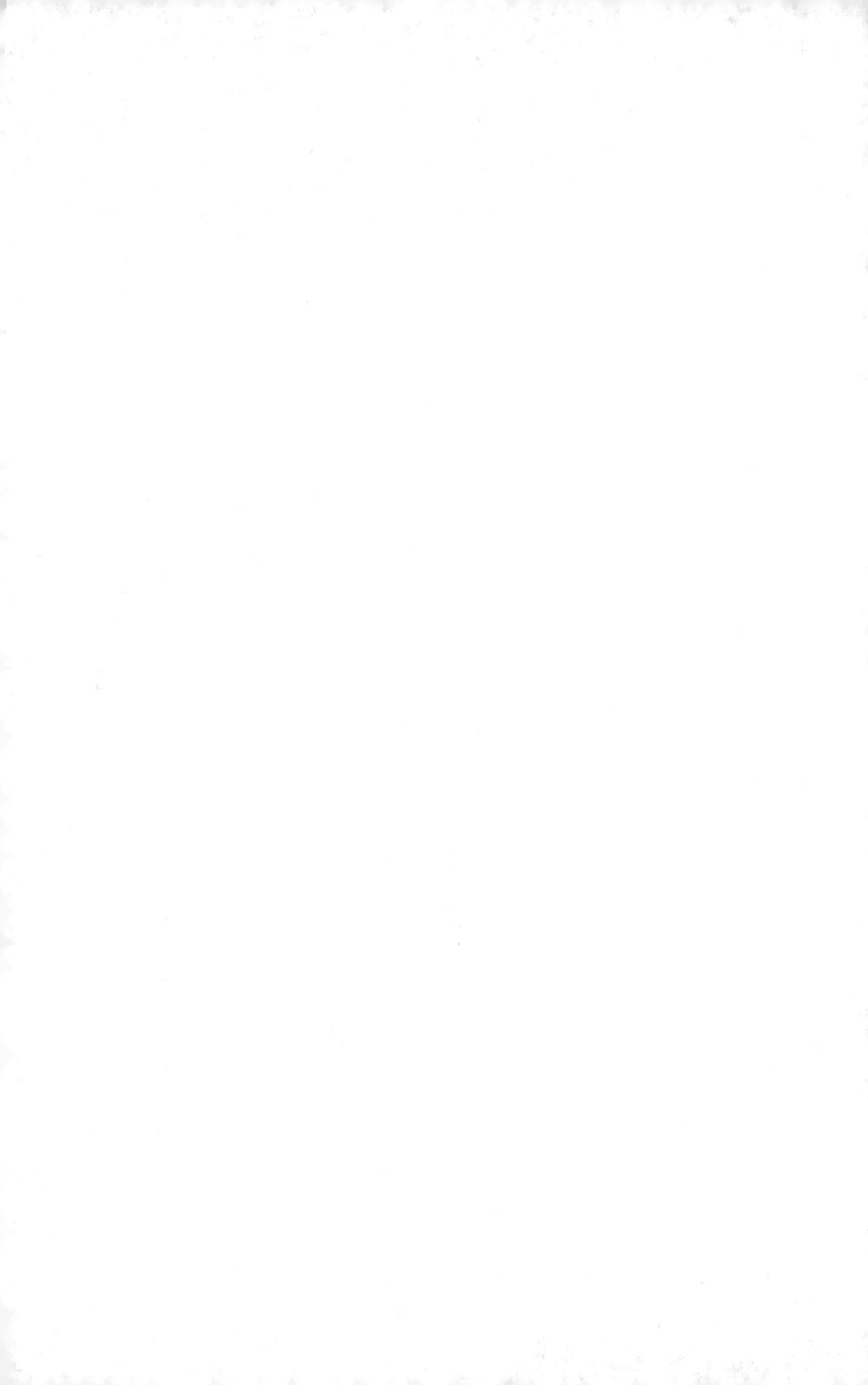

www.ingramcontent.com/pod-product-compliance
Lightning Source LLC
Chambersburg PA
CBHW030124230526
45469CB00005B/1783